中华人民共和国统计法

中国统计出版社
China Statistics Press

图书在版编目(CIP)数据

中华人民共和国统计法 / 国家统计局编. ——北京 ：中国统计出版社，2024.10. ——ISBN 978—7—5230—0562—0(2024.11 重印)

Ⅰ. D922.291

中国国家版本馆 CIP 数据核字第 20248SR703 号

中华人民共和国统计法

中国统计出版社 出版发行

河北鑫兆源印刷有限公司印刷　新华书店经销

2024 年 10 月第 1 版　2024 年 11 月第 4 次印刷

开本:880 毫米×1230 毫米　1/32　印张:1.5

定价:5.00 元

邮购地址:北京市丰台区西三环南路甲 6 号　邮政编码/100073

电话:邮购(010)63376909　书店(010)68783171

目　录

中华人民共和国主席令(第三十一号) ………………… (1)

全国人民代表大会常务委员会关于修改《中华人民共和国统计法》的决定 ……………………………… (3)

中华人民共和国统计法 ……………………………… (11)

关于《中华人民共和国统计法(修正草案)》的说明 ……………………………… 国家统计局局长　康义(31)

关于《中华人民共和国统计法(修正草案)》审议结果的报告 ……… 全国人民代表大会宪法和法律委员会(35)

关于《全国人民代表大会常务委员会关于修改〈中华人民共和国统计法〉的决定(草案)》修改意见的报告 …… 全国人民代表大会宪法和法律委员会(41)

中华人民共和国主席令

第三十一号

《全国人民代表大会常务委员会关于修改〈中华人民共和国统计法〉的决定》已由中华人民共和国第十四届全国人民代表大会常务委员会第十一次会议于2024年9月13日通过，现予公布，自公布之日起施行。

中华人民共和国主席　**习近平**

2024年9月13日

全国人民代表大会常务委员会关于修改《中华人民共和国统计法》的决定

（2024 年 9 月 13 日第十四届全国人民代表大会常务委员会第十一次会议通过）

第十四届全国人民代表大会常务委员会第十一次会议决定对《中华人民共和国统计法》作如下修改：

一、将第一条修改为："为了科学、有效地组织统计工作，保障统计资料的真实性、准确性、完整性和及时性，加强统计监督，发挥统计在了解国情国力、服务经济社会高质量发展中的重要作用，推动全面建设社会主义现代化国家，制定本法。"

二、第三条增加一款，作为第一款："统计工作坚持中国共产党的领导。"

三、将第五条修改为："国家加强统计科学研究，根据经济社会发展的新情况，健全科学合理的统计标准和统计指标体系，将新经济新领域纳入统计调查范围，并不断改进统计调查方法，提高统计的科学性。

“国家有计划地加强统计信息化建设，推动现代信息技术与统计工作深度融合，促进统计信息搜集、处理、传输、共享、存储技术和统计数据库体系的现代化。”

四、增加一条，作为第六条：“国家构建系统完整、协同高效、约束有力、权威可靠的统计监督体系。

“统计机构根据统计调查制度和经批准的计划安排，对各地区、各部门贯彻落实国家重大经济社会政策措施情况、履行统计法定职责情况等进行统计监督。”

五、将第六条改为第七条，第二款修改为：“地方各级人民政府、县级以上人民政府统计机构和有关部门以及各单位的负责人，不得自行修改统计机构和统计人员依法搜集、整理的统计资料，不得以任何方式要求统计机构、统计人员及其他机构、人员伪造、篡改统计资料，不得明示、暗示下级单位及其人员或者统计调查对象填报虚假统计数据，不得对依法履行职责或者拒绝、抵制统计违法行为的单位和个人打击报复。”

六、增加一条，作为第九条：“地方各级人民政府、县级以上人民政府统计机构和有关部门应当根据国家有关规定，将防范和惩治统计造假、弄虚作假纳入依法行政、依法履职责任范围，建立健全相关责任制，加强对领导干部统计工作的考核管理，依法对统计造假、弄虚作假行为追究法律责任。”

七、将第九条改为第十一条，修改为：“统计机构和统计人员对在统计工作中知悉的国家秘密、工作秘密、商业秘密、个人隐私和个人信息，应当予以保密，不得泄露或者向他人非法提供。”

八、增加一条，作为第二十条：“国家实施统一的国民经济核算制度。

“国家统计局统一组织和实施地区生产总值核算工作。”

九、将第二十条改为第二十三条，分为两款，修改为：“县级以上人民政府统计机构和有关部门以及乡、镇人民政府，应当按照国家有关规定建立统计资料的保存、管理制度。

“县级以上人民政府统计机构和有关部门建立健全统计信息共享机制，明确统计信息的共享范围、标准和程序。”

十、将第二十一条改为第二十四条，第一款修改为：“国家机关、企业事业单位和其他组织等统计调查对象，应当按照国家有关规定设置原始记录、统计台账，推动统计台账电子化、数字化、标准化，建立健全统计资料的审核、签署、报送、归档等管理制度。”

十一、将第三十七条改为第四十条，分为两款，修改为：“地方各级人民政府、县级以上人民政府统计机构或者有关部门、单位的负责人有下列行为之一的，由任免机关、单位或者监察机关依法给予处分，并由县级以上人民政府统计机构予以通报：

“（一）自行修改统计资料、编造虚假统计数据的；

“（二）要求统计机构、统计人员或者其他机构、人员伪造、篡改统计资料的；

“（三）明示、暗示下级单位及其人员或者统计调查对象填报虚假统计数据的；

“（四）对本地方、本部门、本单位发生的统计数据严重失实情况和严重统计违法行为失察的；

“（五）有其他统计造假、弄虚作假行为的。

“对依法履行职责或者拒绝、抵制统计违法行为的单位和个人打击报复的，依照前款规定给予处分和予以通报。”

十二、将第三十九条改为第四十二条，其中的“直接负责的主管人员和其他直接责任人员”修改为“负有责任的领导人员和直接责任人员”。

第一款第二项分为两项，修改为：“（二）泄露或者向他人非法提供统计调查对象的商业秘密、个人隐私、个人信息的”“（三）对外提供、泄露在统计调查中获得的能够识别或者推断单个统计调查对象身份的资料的”。

十三、将第四十一条改为第四十四条，其中的“其直接负责的主管人员和其他直接责任人员属于国家工作人员的，由任免机关或者监察机关依法给予处分”修改为“其负有责任的领导人员和直接责任人员属于公职人员的，由任免机关、单位或者监察机关依法给予处分”。

第二款修改为：“企业事业单位或者其他组织有前款所列行为之一的，可以并处十万元以下的罚款；情节严重的，并处十万元以上五十万元以下的罚款。”

十四、将第四十二条改为第四十五条，第一款修改为:“作为统计调查对象的国家机关、企业事业单位或者其他组织迟报统计资料,或者未按照国家有关规定设置原始记录、统计台账的,由县级以上人民政府统计机构责令改正,给予警告,可以予以通报;其负有责任的领导人员和直接责任人员属于公职人员的,由任免机关、单位或者监察机关依法给予处分。”

第二款修改为:“企业事业单位或者其他组织有前款所列行为之一的,可以并处五万元以下的罚款。”

十五、将第四十三条改为第四十六条,修改为:“县级以上人民政府统计机构查处统计违法行为时,认为对有关公职人员依法应当给予处分的,应当向该公职人员的任免机关、单位提出给予处分的建议,该公职人员的任免机关、单位应当依法及时作出决定,并将结果书面通知县级以上人民政府统计机构;向监察机关移送的,由监察机关按照有关规定办理。”

十六、将第四十六条改为第四十九条,修改为:“当事人对县级以上人民政府统计机构作出的行政处罚决定不服的,可以依法申请行政复议或者提起行政诉讼。对国家统计局派出的调查机构作出的行政处罚决定不服的,向国家统计局申请行政复议。”

十七、将第四十七条改为第五十条，修改为："违反本法规定，造成人身损害、财产损失的，依法承担民事责任；构成犯罪的，依法追究刑事责任。"

十八、对部分条文作以下修改：

（一）将第十条改为第十二条，其中的"职务晋升"修改为"职务职级等晋升"。

（二）将第十四条改为第十六条，其中的"并依照本法第十二条的规定"修改为"并依照本法第十四条的规定"。

（三）将第十六条改为第十八条，其中的"行政记录"修改为"行政记录、社会大数据"。

（四）将第三十二条改为第三十五条，删去其中的"及其监察机关"。

（五）将第三十八条改为第四十一条，删去其中的"在组织实施统计调查活动中"；"直接负责的主管人员和其他直接责任人员"修改为"负有责任的领导人员和直接责任人员"；"未经批准"修改为"未经批准或者备案"。

（六）将第四十条改为第四十三条，其中的"泄露国家秘密的"修改为"泄露国家秘密、工作秘密的"。

（七）将第四十五条改为第四十八条，其中的“职务晋升”修改为“职务职级等晋升”；“撤销晋升的职务”修改为“撤销晋升的职务职级等”。

本决定自公布之日起施行。

《中华人民共和国统计法》根据本决定作相应修改并对条文顺序作相应调整，重新公布。

中华人民共和国统计法

（1983年12月8日第六届全国人民代表大会常务委员会第三次会议通过　根据1996年5月15日第八届全国人民代表大会常务委员会第十九次会议《关于修改〈中华人民共和国统计法〉的决定》第一次修正　2009年6月27日第十一届全国人民代表大会常务委员会第九次会议修订　根据2024年9月13日第十四届全国人民代表大会常务委员会第十一次会议《关于修改〈中华人民共和国统计法〉的决定》第二次修正）

目　　录

第一章　总则
第二章　统计调查管理
第三章　统计资料的管理和公布
第四章　统计机构和统计人员
第五章　监督检查
第六章　法律责任
第七章　附则

第一章　总　　则

第一条　为了科学、有效地组织统计工作，保障统计资料的真实性、准确性、完整性和及时性，加强统计监督，发挥统计在了解国情国力、服务经济社会高质量发展中的重要作用，推动全面建设社会主义现代化国家，制定本法。

第二条　本法适用于各级人民政府、县级以上人民政府统计机构和有关部门组织实施的统计活动。

统计的基本任务是对经济社会发展情况进行统计调查、统计分析，提供统计资料和统计咨询意见，实行统计监督。

第三条　统计工作坚持中国共产党的领导。

国家建立集中统一的统计系统，实行统一领导、分级负责的统计管理体制。

第四条　国务院和地方各级人民政府、各有关部门应当加强对统计工作的组织领导，为统计工作提供必要的保障。

第五条　国家加强统计科学研究，根据经济社会发展的新情况，健全科学合理的统计标准和统计指标体系，将新经济新领域纳入统计调查范围，并不断改进统计调查方法，提高统计的科学性。

国家有计划地加强统计信息化建设，推动现代信息技术与统计工作深度融合，促进统计信息搜集、处理、传输、共享、存储技术和统计数据库体系的现代化。

第六条 国家构建系统完整、协同高效、约束有力、权威可靠的统计监督体系。

统计机构根据统计调查制度和经批准的计划安排，对各地区、各部门贯彻落实国家重大经济社会政策措施情况、履行统计法定职责情况等进行统计监督。

第七条 统计机构和统计人员依照本法规定独立行使统计调查、统计报告、统计监督的职权，不受侵犯。

地方各级人民政府、县级以上人民政府统计机构和有关部门以及各单位的负责人，不得自行修改统计机构和统计人员依法搜集、整理的统计资料，不得以任何方式要求统计机构、统计人员及其他机构、人员伪造、篡改统计资料，不得明示、暗示下级单位及其人员或者统计调查对象填报虚假统计数据，不得对依法履行职责或者拒绝、抵制统计违法行为的单位和个人打击报复。

第八条 国家机关、企业事业单位和其他组织以及个体工商户和个人等统计调查对象，必须依照本法和国家有关规定，真实、准确、完整、及时地提供统计调查所需的资料，不得提供不真实或者不完整的统计资料，不得迟报、拒报统计资料。

第九条 地方各级人民政府、县级以上人民政府统计机构和有关部门应当根据国家有关规定，将防范和惩治统计造假、弄虚作假纳入依法行政、依法履职责任范围，建立健全相关责任制，加强对领导干部统计工作的考核管理，依法对统计造假、弄虚作假行为追究法律责任。

第十条 统计工作应当接受社会公众的监督。任何单位和个人有权检举统计中弄虚作假等违法行为。对检举有功的单位和个人应当给予表彰和奖励。

第十一条 统计机构和统计人员对在统计工作中知悉的国家秘密、工作秘密、商业秘密、个人隐私和个人信息，应当予以保密，不得泄露或者向他人非法提供。

第十二条 任何单位和个人不得利用虚假统计资

料骗取荣誉称号、物质利益或者职务职级等晋升。

第二章　统计调查管理

第十三条　统计调查项目包括国家统计调查项目、部门统计调查项目和地方统计调查项目。

国家统计调查项目是指全国性基本情况的统计调查项目。部门统计调查项目是指国务院有关部门的专业性统计调查项目。地方统计调查项目是指县级以上地方人民政府及其部门的地方性统计调查项目。

国家统计调查项目、部门统计调查项目、地方统计调查项目应当明确分工，互相衔接，不得重复。

第十四条　国家统计调查项目由国家统计局制定，或者由国家统计局和国务院有关部门共同制定，报国务院备案；重大的国家统计调查项目报国务院审批。

部门统计调查项目由国务院有关部门制定。统计调查对象属于本部门管辖系统的，报国家统计局备案；统计调查对象超出本部门管辖系统的，报国家统计局审批。

地方统计调查项目由县级以上地方人民政府统计

机构和有关部门分别制定或者共同制定。其中，由省级人民政府统计机构单独制定或者和有关部门共同制定的，报国家统计局审批；由省级以下人民政府统计机构单独制定或者和有关部门共同制定的，报省级人民政府统计机构审批；由县级以上地方人民政府有关部门制定的，报本级人民政府统计机构审批。

第十五条 统计调查项目的审批机关应当对调查项目的必要性、可行性、科学性进行审查，对符合法定条件的，作出予以批准的书面决定，并公布；对不符合法定条件的，作出不予批准的书面决定，并说明理由。

第十六条 制定统计调查项目，应当同时制定该项目的统计调查制度，并依照本法第十四条的规定一并报经审批或者备案。

统计调查制度应当对调查目的、调查内容、调查方法、调查对象、调查组织方式、调查表式、统计资料的报送和公布等作出规定。

统计调查应当按照统计调查制度组织实施。变更统计调查制度的内容，应当报经原审批机关批准或者原备案机关备案。

第十七条 统计调查表应当标明表号、制定机关、批准或者备案文号、有效期限等标志。

对未标明前款规定的标志或者超过有效期限的统计调查表，统计调查对象有权拒绝填报；县级以上人民政府统计机构应当依法责令停止有关统计调查活动。

第十八条 搜集、整理统计资料，应当以周期性普查为基础，以经常性抽样调查为主体，综合运用全面调查、重点调查等方法，并充分利用行政记录、社会大数据等资料。

重大国情国力普查由国务院统一领导，国务院和地方人民政府组织统计机构和有关部门共同实施。

第十九条 国家制定统一的统计标准，保障统计调查采用的指标涵义、计算方法、分类目录、调查表式和统计编码等的标准化。

国家统计标准由国家统计局制定，或者由国家统计局和国务院标准化主管部门共同制定。

国务院有关部门可以制定补充性的部门统计标准，报国家统计局审批。部门统计标准不得与国家统计标准相抵触。

第二十条 国家实施统一的国民经济核算制度。

国家统计局统一组织和实施地区生产总值核算

工作。

第二十一条 县级以上人民政府统计机构根据统计任务的需要,可以在统计调查对象中推广使用计算机网络报送统计资料。

第二十二条 县级以上人民政府应当将统计工作所需经费列入财政预算。

重大国情国力普查所需经费,由国务院和地方人民政府共同负担,列入相应年度的财政预算,按时拨付,确保到位。

第三章 统计资料的管理和公布

第二十三条 县级以上人民政府统计机构和有关部门以及乡、镇人民政府,应当按照国家有关规定建立统计资料的保存、管理制度。

县级以上人民政府统计机构和有关部门建立健全统计信息共享机制,明确统计信息的共享范围、标准和程序。

第二十四条 国家机关、企业事业单位和其他组织等统计调查对象,应当按照国家有关规定设置原始记录、统计台账，推动统计台账电子化、数字化、标准化，建立健全统计资料的审核、签署、报送、归档等管理制度。

统计资料的审核、签署人员应当对其审核、签署的统计资料的真实性、准确性和完整性负责。

第二十五条 县级以上人民政府有关部门应当及时向本级人民政府统计机构提供统计所需的行政记录资料和国民经济核算所需的财务资料、财政资料及其他资料，并按照统计调查制度的规定及时向本级人民政府统计机构报送其组织实施统计调查取得的有关资料。

县级以上人民政府统计机构应当及时向本级人民政府有关部门提供有关统计资料。

第二十六条 县级以上人民政府统计机构按照国家有关规定，定期公布统计资料。

国家统计数据以国家统计局公布的数据为准。

第二十七条 县级以上人民政府有关部门统计调查取得的统计资料，由本部门按照国家有关规定公布。

第二十八条 统计调查中获得的能够识别或者推断单个统计调查对象身份的资料，任何单位和个人不得对外提供、泄露,不得用于统计以外的目的。

第二十九条 县级以上人民政府统计机构和有关部门统计调查取得的统计资料,除依法应当保密的外,应当及时公开,供社会公众查询。

第四章 统计机构和统计人员

第三十条 国务院设立国家统计局,依法组织领导和协调全国的统计工作。

国家统计局根据工作需要设立的派出调查机构,承担国家统计局布置的统计调查等任务。

县级以上地方人民政府设立独立的统计机构,乡、镇人民政府设置统计工作岗位,配备专职或者兼职统计人员,依法管理、开展统计工作,实施统计调查。

第三十一条 县级以上人民政府有关部门根据统计任务的需要设立统计机构,或者在有关机构中设置统计人员,并指定统计负责人,依法组织、管理本部门职责范围内的统计工作,实施统计调查,在统计业务上受本级人民政府统计机构的指导。

第三十二条 统计机构、统计人员应当依法履行职责，如实搜集、报送统计资料，不得伪造、篡改统计资料，不得以任何方式要求任何单位和个人提供不真实的统计资料，不得有其他违反本法规定的行为。

统计人员应当坚持实事求是，恪守职业道德，对其负责搜集、审核、录入的统计资料与统计调查对象报送的统计资料的一致性负责。

第三十三条 统计人员进行统计调查时，有权就与统计有关的问题询问有关人员，要求其如实提供有关情况、资料并改正不真实、不准确的资料。

统计人员进行统计调查时，应当出示县级以上人民政府统计机构或者有关部门颁发的工作证件；未出示的，统计调查对象有权拒绝调查。

第三十四条 国家实行统计专业技术职务资格考试、评聘制度，提高统计人员的专业素质，保障统计队伍的稳定性。

统计人员应当具备与其从事的统计工作相适应的专业知识和业务能力。

县级以上人民政府统计机构和有关部门应当加强对统计人员的专业培训和职业道德教育。

第五章　监督检查

第三十五条　县级以上人民政府对下级人民政府、本级人民政府统计机构和有关部门执行本法的情况，实施监督。

第三十六条　国家统计局组织管理全国统计工作的监督检查，查处重大统计违法行为。

县级以上地方人民政府统计机构依法查处本行政区域内发生的统计违法行为。但是，国家统计局派出的调查机构组织实施的统计调查活动中发生的统计违法行为，由组织实施该项统计调查的调查机构负责查处。

法律、行政法规对有关部门查处统计违法行为另有规定的，从其规定。

第三十七条　县级以上人民政府有关部门应当积极协助本级人民政府统计机构查处统计违法行为，及时向本级人民政府统计机构移送有关统计违法案件材料。

第三十八条　县级以上人民政府统计机构在调查

统计违法行为或者核查统计数据时，有权采取下列措施：

（一）发出统计检查查询书，向检查对象查询有关事项；

（二）要求检查对象提供有关原始记录和凭证、统计台账、统计调查表、会计资料及其他相关证明和资料；

（三）就与检查有关的事项询问有关人员；

（四）进入检查对象的业务场所和统计数据处理信息系统进行检查、核对；

（五）经本机构负责人批准，登记保存检查对象的有关原始记录和凭证、统计台账、统计调查表、会计资料及其他相关证明和资料；

（六）对与检查事项有关的情况和资料进行记录、录音、录像、照相和复制。

县级以上人民政府统计机构进行监督检查时，监督检查人员不得少于二人，并应当出示执法证件；未出示的，有关单位和个人有权拒绝检查。

第三十九条 县级以上人民政府统计机构履行监督检查职责时，有关单位和个人应当如实反映情况，提供相关证明和资料，不得拒绝、阻碍检查，不得转移、隐匿、篡改、毁弃原始记录和凭证、统计台账、统计调查表、会计资料及其他相关证明和资料。

第六章　法律责任

第四十条　地方各级人民政府、县级以上人民政府统计机构或者有关部门、单位的负责人有下列行为之一的，由任免机关、单位或者监察机关依法给予处分，并由县级以上人民政府统计机构予以通报：

（一）自行修改统计资料、编造虚假统计数据的；

（二）要求统计机构、统计人员或者其他机构、人员伪造、篡改统计资料的；

（三）明示、暗示下级单位及其人员或者统计调查对象填报虚假统计数据的；

（四）对本地方、本部门、本单位发生的统计数据严重失实情况和严重统计违法行为失察的；

（五）有其他统计造假、弄虚作假行为的。

对依法履行职责或者拒绝、抵制统计违法行为的单位和个人打击报复的，依照前款规定给予处分和予以通报。

第四十一条 县级以上人民政府统计机构或者有关部门有下列行为之一的，由本级人民政府、上级人民政府统计机构或者本级人民政府统计机构责令改正，予以通报；对负有责任的领导人员和直接责任人员，由任免机关或者监察机关依法给予处分：

（一）未经批准或者备案擅自组织实施统计调查的；

（二）未经批准或者备案擅自变更统计调查制度的内容的；

（三）伪造、篡改统计资料的；

（四）要求统计调查对象或者其他机构、人员提供不真实的统计资料的；

（五）未按照统计调查制度的规定报送有关资料的。

统计人员有前款第三项至第五项所列行为之一的，责令改正，依法给予处分。

第四十二条 县级以上人民政府统计机构或者有关部门有下列行为之一的，对负有责任的领导人员和直接责任人员由任免机关或者监察机关依法给予处分：

（一）违法公布统计资料的；

（二）泄露或者向他人非法提供统计调查对象的商业秘密、个人隐私、个人信息的；

（三）对外提供、泄露在统计调查中获得的能够识别或者推断单个统计调查对象身份的资料的；

（四）违反国家有关规定，造成统计资料毁损、灭失的。

统计人员有前款所列行为之一的，依法给予处分。

第四十三条 统计机构、统计人员泄露国家秘密、工作秘密的，依法追究法律责任。

第四十四条 作为统计调查对象的国家机关、企业事业单位或者其他组织有下列行为之一的，由县级以上人民政府统计机构责令改正，给予警告，可以予以通报；其负有责任的领导人员和直接责任人员属于公职人员的，由任免机关、单位或者监察机关依法给予处分：

（一）拒绝提供统计资料或者经催报后仍未按时提供统计资料的；

（二）提供不真实或者不完整的统计资料的；

（三）拒绝答复或者不如实答复统计检查查询书的；

（四）拒绝、阻碍统计调查、统计检查的；

（五）转移、隐匿、篡改、毁弃或者拒绝提供原始记录和凭证、统计台账、统计调查表及其他相关证明和资料的。

企业事业单位或者其他组织有前款所列行为之一的，可以并处十万元以下的罚款；情节严重的，并处十万元以上五十万元以下的罚款。

个体工商户有本条第一款所列行为之一的，由县级以上人民政府统计机构责令改正，给予警告，可以并处一万元以下的罚款。

第四十五条 作为统计调查对象的国家机关、企业事业单位或者其他组织迟报统计资料，或者未按照国家有关规定设置原始记录、统计台账的，由县级以上人民政府统计机构责令改正，给予警告，可以予以通报；其负有责任的领导人员和直接责任人员属于公职人员的，由任免机关、单位或者监察机关依法给予处分。

企业事业单位或者其他组织有前款所列行为之一

的，可以并处五万元以下的罚款。

个体工商户迟报统计资料的，由县级以上人民政府统计机构责令改正，给予警告，可以并处一千元以下的罚款。

第四十六条　县级以上人民政府统计机构查处统计违法行为时，认为对有关公职人员依法应当给予处分的，应当向该公职人员的任免机关、单位提出给予处分的建议，该公职人员的任免机关、单位应当依法及时作出决定，并将结果书面通知县级以上人民政府统计机构；向监察机关移送的，由监察机关按照有关规定办理。

第四十七条　作为统计调查对象的个人在重大国情国力普查活动中拒绝、阻碍统计调查，或者提供不真实或者不完整的普查资料的，由县级以上人民政府统计机构责令改正，予以批评教育。

第四十八条　违反本法规定，利用虚假统计资料骗取荣誉称号、物质利益或者职务职级等晋升的，除对其编造虚假统计资料或者要求他人编造虚假统计资料的行为依法追究法律责任外，由作出有关决定的单位或者其上级单位、监察机关取消其荣誉称号，追缴获得的物质利益，撤销晋升的职务职级等。

第四十九条 当事人对县级以上人民政府统计机构作出的行政处罚决定不服的，可以依法申请行政复议或者提起行政诉讼。对国家统计局派出的调查机构作出的行政处罚决定不服的，向国家统计局申请行政复议。

第五十条 违反本法规定，造成人身损害、财产损失的，依法承担民事责任；构成犯罪的，依法追究刑事责任。

第七章 附 则

第五十一条 本法所称县级以上人民政府统计机构，是指国家统计局及其派出的调查机构、县级以上地方人民政府统计机构。

第五十二条 民间统计调查活动的管理办法，由国务院制定。

中华人民共和国境外的组织、个人需要在中华人民共和国境内进行统计调查活动的，应当按照国务院的规定报请审批。

利用统计调查危害国家安全、损害社会公共利益或者进行欺诈活动的，依法追究法律责任。

第五十三条　本法自 2010 年 1 月 1 日起施行。

关于《中华人民共和国统计法(修正草案)》的说明

(2024年4月23日在第十四届全国人民代表大会常务委员会第九次会议上)

国家统计局局长　康　义

全国人民代表大会常务委员会：

我受国务院委托，现对《中华人民共和国统计法(修正草案)》(以下简称修正草案)作说明。

一、修改背景和过程

党中央、国务院高度重视统计工作。现行统计法于1983年制定，1996年、2009年作过两次修改。现行统计法实施以来，在规范、指引、保障统计工作有序开展和有效组织统计活动、服务经济社会发展方面发挥了重要作用。近年来，统计工作也面临一些亟待解决的突出问题：一是一些地方和部门统计造假现象仍有发生。二是统计监督体系有待进一步完善。主要表现在统计监督的体制机制和政策体系不够完善，统计监督有效性有待提高。三是统计违法成本低。现行统计法对违法行为的处罚标准偏低，一些地方和部门对统计违法行为责任追究不到位，处罚处理偏轻，惩治力度不够。此前，全国人大常委会开展统计法执法检查时，有关方面建议对统计法作出适当修改。针对统计工作面临的新情况新问题，将党中央决策部署和实践中成熟有效的做法上升为法律规定，有利于发挥法治在防范和惩治统计造假中的规范保障作用。修改统计法已分别列入全国人大常委会和国务院2024年度立法工作计划。

国家统计局在深入调查研究、广泛听取意见并向社会公开征求意见的基础上，向国务院报送了《中华人民共和国统计法（修正草案）（送审稿）》。司法部先后两次征求中央有关部门和省级人民政府以及企业、高校等方面意见，会同国家统计局反复研究修改，形成了修正草案。修正草案已经国务院常务会议讨论通过。

二、总体思路和主要内容

此次统计法修改坚持以习近平新时代中国特色社会主义思想特别是习近平法治思想为指导，深入贯彻党的二十大精神，保持现行统计法制度框架基本不变，加强统计监督，加大法律责任追究力度，着力解决统计造假等突出问题。

修正草案共 14 条，主要规定了以下内容：

（一）坚持党对统计工作的领导。落实和体现党的领导要求，规定“统计工作坚持中国共产党的领导”。

（二）进一步加强统计监督。一是在立法目的中规定“加强统计监督”。二是规定国家构建系统完整、协同高效、约束有力的统计监督体系，统计监督应当与其他各类监督贯通协调，形成监督合力。统计机构根据统计调查制度和经批准的计划安排，对各地区、各部门贯彻落实国家重大经济社会政策措施情况进行统计监督。

（三）进一步防范和惩治统计造假。一是规定地方各级人民政府、县级以上人民政府统计机构和有关部门以及各单位的负责人，不得要求、暗示、引导下级单位或者统计调查对象填报虚假统计数据。二是规定对要求、暗示、引导下级单位或者统计调查对象填报虚假统计数据的相关责任人员，依法给予处分，并予以通报。三是规定地方各级人民政府、县级以上人民政府统计机构和有关部门应当根据国家有关规定，建立健全防范和惩治统计造假、弄虚作假责任制，明确本单位责任主体，依法依规对统计造假、弄虚作假行为追责问责。四是规定国家实施统一的国民经济核算制度，国家统计局统一领导、组织和实施地区生产总值核算工作。

（四）加大法律责任追究力度。规定对企业事业单位或者其他组织拒绝提供、迟报统计资料等违法行为，进一步提高罚款额度。企业因违反本法规定受到行政处罚的，按照国家有关规定记入信用记录并向社会公示。

此外，为做好与监察体制改革的衔接，修正草案删去了关于统计机构向监察机关提出处分建议、监察机关应将结果书面通知统计机构的规定。同时，为与公务员法、公职人员政务处分法相衔接，修正草案对有关表述作了修改。

修正草案和以上说明是否妥当，请审议。

关于《中华人民共和国统计法（修正草案）》审议结果的报告

（2024 年 9 月 10 日在十四届全国人民代表大会常务委员会第十一次会议上）

全国人民代表大会宪法和法律委员会

全国人民代表大会常务委员会：

常委会第九次会议对统计法修正草案进行了初次审议。会后，法制工作委员会将修正草案印发各省（区、市）人大、中央有关部门以及部分基层立法联系点、研究机构等征求意见；在中国人大网全文公布修正草案，征求社会公众意见。宪法和法律委员会、财政经济委员会、法制工作委员会联合召开座谈会，听取有关部门、部分企业和专家学者对修正草案的意见。宪法和法律委员会、法制工作委员会到上海、青海、西藏、甘肃等地调研，听取意见；并就修正草案的有关问题与有关方面交换意见，共同研究。宪法和法律委员会于8月16日召开会议，根据常委会组成人员的审议意见和各方面的意见，对修正草案进行了逐条审议。财政经济委员会、国家统计局有关负责同志列席了会议。8月27日，宪法和法律委员会召开会议，再次进行了审议。宪法和法律委员会认为，为贯彻落实中央决策部署，针对当前统计工作中的突出问题，对统计法部分条款作出修改是必要的，修正草案经过审议修改，已经比较成熟。同时，提出以下主要修改意见：

一、现行统计法第五条第一款规定，国家加强统计科学研究，健全科学的统计指标体系。有些常委会组成人员、有关部门和基层立法联系点提出，为客观全面及时地反映经济社会发展的新情况，体现新发展理念，服务经济社会高质量发展，建议进一步健全统计标准和统计指标体系。宪法和法律委员会经研究，建议修正草案增加一条，将现行统计法第五条第一款中的“健全科学的统计指标体系”修改为“根据经济社会发展的新情况，健全科学合理的统计标准和统计指标体系”。

二、现行统计法第五条第二款对国家加强统计信息化建设作了规定。有些常委会组成人员建议，加强统计工作和现代信息技术融合，大力推进大数据、云计算、人工智能等新技术在统计工作中的转化与运用。宪法和法律委员会经研究，建议修正草案增加一条，在现行统计法第五条第二款中增加“推动现代信息技术与统计工作深度融合”的规定。

三、修正草案第三条对统计监督制度体系作了规定。有些常委委员、有关部门和基层立法联系点建议，进一步明确统计监督的主要内容。宪法和法律委员会经研究，建议删去该条第一款中的“统计监督应当与其他各类监督贯通协调，形成监督合力”；在第二款中将“统计法定职责履行情况等”纳入统计监督的内容。

四、修正草案第五条对建立健全防范和惩治统计造假、弄虚作假责任制作了规定。有些常委会组成人员、有关部门和地方建议，进一步加强防范和惩治统计造假、弄虚作假的刚性制度约束，明确相关措施。宪法和法律委员会经研究，建议在该条中增加“将防范和惩治统计造假、弄虚作假纳入依法行政、依法履职责任范围”、“加强对领导干部统计工作的考核管理”等内容。

五、现行统计法第二十条对建立健全统计信息共享机制作了原则性规定。有些常委会组成人员、有关部门和地方提出，强化信息共享能够提高政府统计效能、增强统计资料的准确性和减少统计调查对象多头填报负担等，建议细化相关规定。宪法和法律委员会经研究，建议修正草案增加一条，在现行统计法第二十条中增加一款规定："县级以上人民政府统计机构和有关部门建立健全统计信息共享机制，明确统计信息的共享范围、标准和程序。"

六、现行统计法第二十一条对统计调查对象设置原始记录、统计台账，建立健全相关管理制度等义务作了规定。有些常委会组成人员、有关部门和地方提出，电子统计台账对于提高统计数据质量有重要作用，建议进一步推动统计调查对象设置电子统计台账。宪法和法律委员会经研究，建议修正草案增加一条，在现行统计法第二十一条中增加"推动统计台账电子化、数字化"的规定。

七、修正草案第十一条第二款规定，企业事业单位或者其他组织有迟报统计资料等违法行为的，可以并处十万元以下的罚款。有的常委委员、专委会组成人员和地方提出，十万元的罚款上限比现行规定增幅过高，遵循行政处罚“过罚相当”原则，建议适当降低罚款数额。宪法和法律委员会经研究，建议将罚款数额调整为“五万元以下”。

八、修正草案第十三条规定，企业因违反本法规定受到行政处罚的，记入信用记录并向社会公示。有些常委委员提出，有关信用惩戒的范围、方式和救济措施等，宜由社会信用方面的专门立法统一规定，建议本法对此不作规定。宪法和法律委员会经研究，建议采纳这一意见。

此外，还对修正草案作了一些文字修改。

8 月 20 日，法制工作委员会召开会议，邀请基层有关政府部门、企业和专家学者等就草案主要制度规范的可行性、出台时机、实施的社会效果和可能出现的问题等进行评估。与会人员一致认为，草案认真贯彻落实习近平总书记关于统计工作的重要指示批示精神和党中央有关决策部署，在保持现行统计法基本制度框架稳定的前提下，反映国民经济核算制度的新变化，落实加强统计监督的任务，针对统计造假、弄虚作假等突出问题，建立健全防范和惩治统计造假、弄虚作假责任制，并加大法律责任追究力度，具有较强的针对性和可操作性；草案充分吸收了各方面意见，已经比较成熟，建议审议通过。

宪法和法律委员会已按上述意见提出了全国人民代表大会常务委员会关于修改《中华人民共和国统计法》的决定（草案），建议提请本次常委会会议审议通过。

修改决定草案和以上报告是否妥当，请审议。

关于《全国人民代表大会常务委员会关于修改〈中华人民共和国统计法〉的决定（草案）》修改意见的报告

（2024 年 9 月 12 日在十四届全国人民代表大会常务委员会第十一次会议上）

全国人民代表大会宪法和法律委员会

全国人民代表大会常务委员会：

本次常委会会议于 9 月 10 日下午对关于修改统计法的决定草案进行了分组审议。普遍认为，修改决定草案已经比较成熟，建议进一步修改后，提请本次常委会会议表决通过。同时，有些常委会组成人员和列席人员还提出了一些修改意见和建议。宪法和法律委员会于 9 月 10 日晚召开会议，逐条研究了常委会组成人员和列席人员的审议意见，对修改决定草案进行统一审议。财政经济委员会、国家统计局有关负责同志列席了会议。宪法和法律委员会认为，修改决定草案是可行的，同时，提出以下修改意见：

一、有些常委会组成人员提出，党的二十届三中全会决定明确提出"加强新经济新领域纳统覆盖"的要求，建议在草案中进一步贯彻和体现这一要求。宪法和法律委员会经研究，建议在修改决定草案第三条第一款中增加"将新经济新领域纳入统计调查范围"的规定。

二、修改决定草案第四条第一款规定："国家构建系统完整、协同高效、约束有力的统计监督体系。"有的常委委员建议，进一步增强统计监督的权威性和公信力。宪法和法律委员会经研究，建议在该款中的"约束有力"后增加"权威可靠"。

还有一个问题需要报告。有些常委委员提出，统计机构公布的统计数据有些专业性较强、较为复杂，社会公众在理解上存在困难，建议加强统计数据公布后的宣传解读工作。宪法和法律委员会经研究，建议国务院有关方面健全统计数据发布解读制度机制，利用多种方式科学权威地对统计数据进行宣传解读，有效提升统计数据的影响力和公信力。

经与有关部门研究，建议将本决定的施行时间确定为公布之日。

此外，根据常委会组成人员的审议意见，还对修改决定草案作了个别文字修改。

修改决定草案修改稿已按上述意见作了修改，宪法和法律委员会建议提请本次常委会会议审议通过。

修改决定草案修改稿和以上报告是否妥当，请审议。